L 27
Ln 13713

Album d'un Sourd-Muet.

NOTICE

SUR

L'ENFANCE DE MASSIEU,

SOURD-MUET,

Par M. l'Abbé SICARD.

Prix : 50 centimes.

LONS-LE-SAUNIER,

IMPRIMERIE DE COURRET.

1851.

Album d'un Sourd-Muet.

NOTICE

SUR

L'ENFANCE DE MASSIEU, S.-M.

Quel est l'homme sensible qui ne se sentirait constamment pénétré du besoin de rendre un culte à cette première inspiration paternelle de ce pieux philanthrope qui vint arracher à une nullité effrayante les innocentes victimes d'une erreur de la nature ? Tout dans le bienfait de l'abbé de l'Épée commandait à l'opinion, comme à la tendresse maternelle, un souvenir cher et sacré. Les modestes essais de cet ecclésiastique furent autant de triomphes sur les pénibles efforts de ses prédécesseurs : sa raison écarta leur système ; son cœur créa *une langue à l'usage des Sourds-Muets de naissance*..... Dès-lors la mère crut avoir tout obtenu ; et en pressant sur son sein l'enfant dont elle n'avait encore entendu que les mornes soupirs, elle vit un envoyé du ciel dans celui qui devait le consoler des rigueurs de la nature. Le public accourut en foule aux leçons du célèbre instituteur : on l'applaudit avec transport, on l'écouta dans un respectueux silence ; et cet hommage de tous les cœurs, de tous les âges, de tous les sexes, fut le premier élan de cette humanité reconnaissante, toujours pressée de consacrer les consolations qu'on lui donne, les espérances qu'on lui apporte. Cependant dans le monde philosophique on conçut, pour le bonheur des Sourds-Muets, une autre ambition que celle qui devait servir les vœux chrétiens du monde solitaire. Ici, on bénissait les travaux de l'homme vénérable, dont l'unique but était d'initier dans les secrets du ciel ces malheureux habitants de la terre. Là, on croyait utile de réunir à cette science toute céleste celle qui devait leur révéler les secrets des relations sociales ; mais le temps réservait ce double prodige au digne successeur du premier ami des Sourds-Muets. Ce n'est point une comparaison que nous prétendons faire entre deux hommes dont les talents et le zèle ont acquis une gloire également solide, et que la postérité placera au même rang dans le cœur des amis de l'humanité. Pourrions-nous en effet mettre en doute auquel des deux il faudrait décerner la couronne, lorsqu'on ne peut applaudir aux succès de l'un, sans chérir la mémoire de l'autre ?

Courageux et patient, comme l'est un bon père, l'abbé de l'Épée va lui-même chercher le Sourd-Muet au milieu des ténèbres où il est plongé. Là, environné d'obstacles, ayant devant lui des chances incertaines, il lui tend une main secourable ; il est pour lui le premier rayon de clarté qu'il aperçoit sur l'horizon de la vie. Hélas ! quel fils peut espérer d'un père un plus doux témoignage d'amour ? C'est ici que la renommée vient à son tour chercher l'instituteur pour rendre un culte à son héroïque philanthropie ; que tous les regards s'attachent sur lui ; que tous les cœurs sensibles l'environnent ; et qu'en recueillant avec attendrissement ce qu'il a fait d'admirable, on regrette les merveilles que son zèle aurait pu produire encore. Mais le vertueux instituteur n'a point seulement à combattre la nature, cette insensible ennemie des enfants adoptifs de son cœur; il lui faut encore surmonter ses modestes et religieuses craintes; et tandis que ses premiers succès lui présagent de plus grands triomphes, sa piété les lui fait redouter. Il pourrait, oui, il pourrait sans orgueil entreprendre ce qu'il n'ose même désirer. En vain une nouvelle victoire l'appelle ; des scrupules l'emportent sur les mouvements de l'amour-propre, et viennent enfin limiter de si glorieux travaux.

L'homme courageux et sensible que la Providence et l'opinion publique ont nommé son successeur, en osant franchir des bornes qu'une scrupuleuse défiance avait peut-être trop respectées, s'assure les moyens d'éclairer, sans l'égarer, la raison des Sourds-Muets de naissance. C'est dans l'ame de ses élèves que l'abbé Sicard porte et arrête un regard paternel. C'est là qu'il puise les premiers éléments de sa méthode. Ce n'est pas ce qu'il sait qu'il s'empresse de leur enseigner ; il en a fait ses maîtres, pour devenir ensuite le leur. Pourrait-il se méprendre et s'alarmer sur les impressions qu'ils reçoivent, si c'est d'eux dont il emprunte les premiers rayons de lumière avec lesquels il les éclaire ? Il s'est identifié à leurs imperfections, et jamais son esprit observateur ne les perd de vue. On le voit constamment les suivre, pas à pas, à mesure qu'ils avancent vers cet état de civilisation où sa sagesse les conduit graduellement ; et déjà il a connu leur force, et les progrès dont leur intelligence est susceptible, lorsqu'il a pu, sans danger, en les rattachant à la vie, leur apprendre, ce qui la rend chère, l'embellit, l'honore ou la dégrade ; et c'est ainsi qu'il les rend à la société. Dès ce moment, les Sourds-Muets de naissance ne seront plus des étrangers parmi les hommes (*) ; leur bienfaiteur leur a fait connaître le droit qu'ils ont à leur amour. Touchante vérité, qu'il est aussi doux de révéler que de croire ! et dont l'égoïsme ne saurait abuser, aussitôt que le maître parvient à faire sentir à ses élèves toute la dignité de l'homme. Alors frappés de cette grande et

---

(*) Voir à la fin de cette notice.

sublime pensée, ils conçoivent toute l'étendue des devoirs que commande cette société, où ils viennent reprendre leur place. Ils savent désormais ce qu'ils lui doivent de probité, de générosité et d'industrie. Jusqu'à ce moment, la vie n'était pour eux, qu'un voyage silencieux, pendant lequel ils n'éprouvaient que ce mouvement intérieur, secret et continuel, qu'aucune force visible ne peut ralentir, et dont tout le mystère est dans la puissance d'une ame immortelle. Jusqu'à ce moment enfin, ils trainaient sur la terre le poids d'une destinée sans but, d'une existence oisive ; la même ignorance, la même immobilité décrivaient le cercle de leurs longues et inutiles journées ; une curiosité vague, inquiète et mélancolique se montrait, dans ce coup-d'œil, dont le morne et le sombre attristaient la mère ou l'ami sur lequel ils s'arrêtaient. Mais les voilà maintenant en point de contact avec tous les intérêts de la vie : tout s'anime autour d'eux, s'*utilise* dans leur imagination, s'*active* dans leur cœur ; tout prend enfin, à leurs regards, cette physionomie sociale qui éveille tant de sensations, fait naître tant d'idées, qui lie les individus et rapproche les ames. Ils n'interrogent plus en vain, et leurs réponses appartiennent à leur jugement et à leurs lumières. Certes, pourrait-on douter des heureux résultats d'une éducation inspirée par leur malheur, lorsqu'eux-mêmes en consacrent les bienfaits par des talents et des travaux dont la société et leurs familles recueillent tant d'avantages (1) !

Une langue purement mécanique et faite pour la mémoire ne devait pas opérer cette régénération miraculeuse ; il en fallait une qui parlât à l'entendement humain. Il sera donc facile de se convaincre, que c'est à cette nouvelle création de la Théorie des Signes, que le maître doit d'avoir pu compléter son œuvre, et l'élève de n'être plus seul et inutile sur la terre !.....

(1) Non-seulement plusieurs Sourds-Muets sont employés dans des administrations publiques, mais il y en a dans l'imprimerie de l'Institution, qui partagent, avec leurs vieux parents, le fruit de leur travail journalier.

Du reste, pour apprécier les travaux des deux bienfaiteurs des Sourds-Muets de naissance, il faudrait faire un rapprochement de la déplorable condition de ces infortunés avant leur éducation, avec leur existence lorsque cette éducation est achevée. C'est en les envisageant sous ces deux rapports qu'il faut croire aux succès, et applaudir avec enthousiasme...

Il sera facile à nos lecteurs de s'en convaincre, par quelques traits sur l'enfance de MASSIEU, que nous devons à un homme de lettres, que nous plaçons ici, et auxquels on nous permettra d'ajouter ce que nous avons recueilli sur le même âge de ce Sourd-Muet : on pourra juger alors, quelle perte c'eût été pour la société, comme pour l'humanité, si cet être intéressant, qui, dès son berceau, fut pressé, de toutes parts, du besoin d'étendre son existence morale ; qui demandait en vain aux auteurs de ses jours le Dieu qu'il fallait adorer, quel culte il fallait lui rendre, et enfin les lumières que la nature lui avait interdites ; si, dis-je, il avait été condamné par le sort à ne pas rencontrer sur la terre celui qui devait exaucer ses vœux ?

« J'eus plusieurs entretiens avec MASSIEU, nous dit cet auteur,
« dans son charmant ouvrage (1). Je ne pouvais me servir de la
« parole avec lui, il ne m'aurait pas entendu ; je ne pouvais me
« servir du geste, je ne l'aurais pas assez compris. C'est avec la
« plume que je lui faisais mes questions, et qu'il me faisait ses
« réponses.

« D. Aimiez-vous bien votre père et votre mère ?

« R. Oui, beaucoup.

« D. Comment pouviez-vous vous faire entendre d'eux ?

« R. Par signes.

« Je conclus de ses premières réponses, que le sentiment de
« l'amour filial n'était pas étranger à MASSIEU. A peu près à l'épo-
« que de cet entretien avec lui, j'eus la preuve que ce sentiment

(1) La Corbeille de Fleurs.

« était un de ceux qui dominait le plus son cœur : son intelligence
« lui valut une place honorable dans l'Institution des jeunes Sourds-
« Muets. La Convention la lui accorda par un décret, en y atta-
« chant des appointements.

« Dès que M. l'abbé Sicard eut fait lire ce décret flatteur à son
« élève, ce dernier, transporté de joie, exprima cette pensée par
« ses gestes : *Je pourrai enfin assurer du pain à la vieillesse de*
« *ma mère.*

« M. l'abbé Sicard m'écrivit, quelque temps après, et voici ce
« qu'il disait de Massieu : »

« Les actes d'amour filial ne coûtent jamais le moindre effort à
son ame sensible et reconnaissante. *Donner à ses parents, c'est
rendre,* (me disait-il un jour). Ce jeune homme ne s'occupe que
des besoins de sa mère : tout ce qu'il reçoit pour prix des leçons
qu'il donne et du plaisir qu'il fait, il le lui enverrait, si je n'étais
forcé de lui rappeler qu'il a des besoins lui-même, et qu'il doit
conserver de quoi les satisfaire. Le premier mouvement de son
ame, quand il reçoit, ou son traitement, en qualité de répétiteur,
ou quelque don des personnes qu'il enchante par la justesse et la
précision de ses réponses, c'est de me dire, par signes : *C'est pour
ma pauvre mère.* »

« Il me tardait d'avoir des détails plus étendus sur l'enfance de
« Massieu. Je lui demandai un jour de me faire, par écrit, l'histoire
« de ses premières années ; il m'apporta, bientôt après, le mor-
« ceau suivant, qui est entièrement rédigé par lui : »

« Je suis né à Semens, canton de Saint-Macaire, département
de la Gironde.

« Mon père est mort, dans le mois de janvier 1791 ; ma mère
vit encore.

« Dans mon pays, nous étions six sourds-muets d'une même
famille paternelle, trois garçons et trois filles.

« Jusqu'à l'âge de treize ans et neuf mois, je suis resté dans
mon pays, où je n'ai jamais reçu d'instruction ; *j'avais ténèbres
pour les lettres.*

« J'exprimais mes idées par les signes manuels ou le geste. Les signes dont je me servais alors, pour exprimer mes idées à mes parents, et à mes frères et sœurs, étaient bien différents de ceux des Sourds-Muets instruits. Les étrangers ne nous comprenaient jamais quand nous leur exprimions, par signes, nos idées ; mais les voisins nous comprenaient.

« Je voyais des bœufs, des chevaux, des ânes, des cochons, des chiens, des chats, des végétaux, des maisons, des champs, des vignes, et quand j'avais vu tous ces objets, je m'en souvenais bien.

« Avant mon éducation, lorsque j'étais un enfant, je ne savais ni écrire ni lire ; je désirais écrire et lire. Je voyais souvent de jeunes garçons et de jeunes filles qui allaient à l'école ; je désirais les suivre, et j'en étais très-jaloux.

« Je demandais à mon père, les larmes aux yeux, la permission d'aller à l'école ; je prenais un livre, je l'ouvrais de haut en bas, pour marquer mon ignorance ; je le mettais sous mon bras, comme pour sortir ; mais mon père me refusait la permission que je lui demandais, en me faisant signe que je ne pourrais jamais rien apprendre, parce que j'étais sourd-muet.

« Alors je criai très-haut. Je pris encore ces livres pour les lire ; mais je ne connaissais ni les lettres, ni les mots, ni les phrases, ni les périodes. Plein de dépit, je mis mes doigts dans mes oreilles, et je demandai avec impatience à mon père de me les faire curer.

« Il me répondit qu'il n'y avait pas de remède. Alors je me désolai ; je sortis de la maison paternelle, et j'allai à l'école, sans le dire à mon père : je me présentai au maître, et lui demandai, par signes, de m'apprendre à écrire et à lire. Il me refusa durement, et me chassa de l'école. Cela me fit beaucoup pleurer, mais ne me rebuta pas. Je pensais souvent à écrire et à lire, alors j'avais douze ans : j'essayais tout seul à former, avec une plume, des signes d'écriture.

« Dans mon enfance, mon père me faisait faire des prières par gestes, le soir et le matin. Je me mettais à genoux ; je joignais les mains, et remuais les lèvres, en imitant ceux qui parlaient, quand ils priaient Dieu.

Aujourd'hui je sais qu'il y a un Dieu qui est le créateur du ciel et de la terre. Dans mon enfance, j'adorais le ciel, non Dieu ; je ne voyais pas Dieu, je voyais le ciel.

« Je ne savais ni que j'avais été fait, ni si je m'étais fait moi-même. Je grandissais ; mais si je n'avais connu mon instituteur Sicard, mon esprit n'aurait pas grandi comme mon corps, car mon esprit était très-pauvre ; en grandissant, j'aurais cru que le ciel était Dieu.

« Alors les enfants de mon âge ne jouaient point avec moi, ils me méprisaient ; j'étais comme un chien.

« Je m'amusais tout seul à jouer au Mail, au sabot, ou à courir sur des échasses.

« Je connaissais les nombres avant mon instruction ; mes doigts me les avaient appris. Je ne connaissais pas les chiffres ; je comptais sur mes doigts ; et quand le nombre passait *dix*, je faisais des hoches sur un bois.

Dans mon enfance, mes parents me faisaient quelquefois garder un troupeau, et souvent ceux qui me rencontraient, touchés de ma situation, me donnaient quelqu'argent.

Un jour, un Monsieur qui passait (1), me prit en affection, me fit aller chez lui, et me donna à manger et à boire.

Ensuite étant parti pour Bordeaux, il parla de moi à M. Sicard, qui consentit à se charger de mon éducation.

« Le Monsieur écrivit à mon père, qui me montra sa lettre ; mais je ne pouvais pas la lire.

« Mes parents et mes voisins me dirent ce qu'elle contenait ; ils m'apprirent que j'irais à Bordeaux. Ils croyaient que c'était pour apprendre à être tonnelier. Mon père me dit que c'était pour apprendre à lire et à écrire.

(1) M. de Puymorin.

« Je partis avec lui pour Bordeaux. Lorsque nous y arrivâmes, nous fûmes visiter M. l'abbé Sicard, que je trouvai très-maigre.

« Je commençai par former des lettres avec les doigts : dans l'espace de plusieurs jours, je sus écrire quelques mots.

« Dans l'espace de trois mois, je sus écrire plusieurs mots ; dans l'espace de six mois, je sus écrire quelques phrases.

« Dans l'espace d'un an, j'écrivis bien.

« Dans l'espace d'un an et quelques mois, j'écrivis mieux, et je répondis bien aux questions que l'on me faisait.

« Il y avait trois ans et six mois que j'étais avec M. l'abbé Sicard, quand je partis avec lui pour Paris.

« Dans l'espace de quatre ans, je suis devenu comme les *entendants-parlants*.

« Cependant j'aurais fait de plus grands progrès, si un Sourd-Muet ne m'avait inspiré une grande crainte qui me rend malheureux.

« Un Sourd-Muet, qui a un ami médecin, m'a dit que ceux qui n'ont jamais été malades depuis leur naissance, ne pourraient pas vivre vieux ; et, que ceux qui l'avaient été souvent, pourraient vivre très-vieux.

« Me souvenant alors de ne jamais avoir été bien malade depuis ma naissance, j'ai cru toujours que je ne pourrais pas vivre vieux, et que je n'aurai jamais ni trente-cinq ans, ni quarante, ni quarante-cinq, ni cinquante ans.

« Mes frères et sœurs qui n'avaient jamais été malades depuis leur naissance, sont morts depuis qu'ils ont commencé à l'être.

« Mes autres frères et sœurs, qui ont été souvent malades, ont été rétablis.

« Sans le manquement de ma maladie, et la croyance où je suis que je ne pourrais pas vivre vieux, j'étudierais davantage ; je serais très, très, très-savant et très-parfaitement comme les entendants-parlants.

« Si je n'avais pas connu ce Sourd, je ne craindrais pas la mort, et je serais toujours heureux. »

« Il paraît étonnant que l'on puisse écrire à Massieu, et raison-
« ner avec lui, comme on le ferait avec l'homme le plus éclairé ;
« on n'en sera plus surpris quand on saura que Massieu est peut-
« être un des hommes les plus profonds qui existent aujourd'hui.
« La franchise, la précision, la sublimité de quelques-unes de ses
« réponses aux questions les plus imprévues, les plus épineuses,
« les plus abstraites, feront juger de la trempe de son esprit, et de
« la sensibilité de son cœur.

« Je lui demandais un jour, devant plusieurs personnes : Mon
« cher Massieu, avant ton instruction, que croyais-tu que faisaient
« ceux qui se regardaient et remuaient leurs lèvres?

« — Je croyais, répondit-il, qu'ils *exprimaient des idées*.

« D. Pourquoi croyais-tu cela ?

« R. Parce que je m'étais souvenu qu'on avait parlé de moi à
« mon père, et qu'il m'avait menacé de me faire punir.

« D. Tu croyais donc que le mouvement des lèvres était un
« moyen de communiquer les idées ?

« R. Oui.

« D. Pourquoi ne remuais-tu pas tes lèvres pour communiquer
« les tiennes ?

« R. Parce que je n'avais pas assez regardé les lèvres des par-
« lans, et qu'on m'avait dit que *mes bruits étaient mauvais*. Comme
« on me disait que mon mal était dans les oreilles, je prenais de
« l'eau-de-vie, j'en versais dans mes oreilles, que je bouchais avec
« du coton.

« D. Savais-tu ce que c'était qu'entendre ?

« R. Oui.

« D. Comment l'avais-tu appris ?

« R. Une parente entendante, qui demeurait dans la maison, m'a-
« vait dit qu'elle voyait avec ses oreilles une personne qu'elle ne
« voyait pas avec ses yeux, lorsque cette personne venait voir mon
« père.

« Les entendants voient avec les oreilles, pendant la nuit, les
« personnes qui marchent.

« *Le marcher nocturne* distingue les personnes, et dit leur nom
« aux entendants.

« On voit par le style de ces réponses qu'il a fallu les copier et
« les conserver exactement pour les transmettre au public. »

Rien, sans doute, n'est plus intéressant à connaître que les impressions de l'enfance d'un Sourd-Muet de naissance ; mais combien cet intérêt augmente, lsrsqu'il a pour objet l'un de ces infortunés qui, parvenu à un état parfait de civilisation, contribue, non-seulement par ses talents, à la gloire de son maître, mais encore à celle de l'école où ses facultés intellectuelles et morales ont été développées ! Pourrait-on méconnaître l'homme qui sent déjà sa dignité, dans ce récit simple et naïf que cet élève de M. SICARD a fait lui-même des premières sensations et des premiers chagrins qu'il a éprouvés ? Ses vagues rêveries en gardant le troupeau confié à ses soins ; ses larmes sur une ignorance dont il porte partout la conscience intime ; ce besoin inquiet et ambitieux de renverser l'insurmontable barrière que la nature a élevée entre sa raison et les lumières qu'elle réclame, tout en lui ne serait-il pas l'impulsion de cette puissance secrète qui commande à l'homme une existence active ? Du reste, il nous parut plus curieux encore, lorsque nous eûmes pris connaissance de ces particularités, de savoir de lui-même quel était l'objet qui s'offrait à sa pensée, et le sentiment qui occupait son cœur, pendant l'acte religieux que la piété paternelle exigeait, chaque matin, de lui. Nous le connaissions assez pour pressentir l'empire qu'avait dû avoir sur sa croyance religieuse, l'imagination, cette faculté, si justement nommée *la folle du logis*, qui, ne voulant jamais interroger en vain, ose tout croire pour consacrer, à son gré, des jouissances, des mystères et des prétentions, et ne craint pas d'enfanter des fables, quand la réalité lui échappe. C'est ainsi, en effet que, né avec une tête ardente, et sans aucun point d'appui dans le monde moral, cet enfant sourd-muet pressé de connaître pour adorer, obtenir et se plaindre, curieux enfin de pénétrer les secrets de cette nature qui s'anime et s'enrichit, sous mille formes, à ses yeux, embrasse une chimère, à défaut de la vérité. Mais il faut moins l'accuser que le plaindre, puisque dans son erreur même il nous fournit une nouvelle preuve d'une religion innée dans le cœur de l'homme. Voici, en abrégé, l'entretien que nous eûmes avec lui à ce sujet.

—A quoi pensiez-vous, lui demandâmes-nous, pendant que votre père vous faisait rester à genoux ?
—Au ciel.—Dans quelle intention lui adressiez-vous une prière ?
—Pour le faire descendre de nuit sur la terre, afin que les plantes que j'avais plantées crussent, et pour que les malades fussent rendus à la santé.—Était-ce des idées, des mots, des sentiments dont vous composiez votre prière ?—C'était le cœur qui la faisait, je ne connaissais encore ni les mots, ni leur valeur. — Qu'éprouviez-vous alors dans le cœur ?—La joie, quand je trouvais que les plantes et les fruits croissaient ; la douleur, quand je voyais leur endommagement par la grêle, et que mes parents malades restaient encore malades.

A ces derniers mots de sa réponse, MASSIEU fit plusieurs signes qui exprimaient la colère et la menace.

—Est-ce que vous menaciez le ciel, lui demandâmes-nous, avec étonnement ?—Oui.—Mais pour quel motif ?—Parce que je pensais que je ne pouvais l'atteindre pour le battre, le tuer, de ce qu'il causait tous ces désastres, et qu'il ne guérissait pas mes parents.
—Est-ce que vous n'aviez pas la crainte de l'irriter, et qu'il vous punît ?—Je n'avais pas encore connu mon bon maître SICARD, et j'ignorais ce que c'était que ce ciel ; ce n'est qu'un an après mon éducation que j'ai craint d'être puni par lui.— Donniez-vous une figure, une forme à ce ciel ?...—Mon père m'avait fait voir une grande statue qui était dans l'église de mon pays ; elle représentait un vieillard, avec une longue barbe : il tenait un globe à la main ; je croyais qu'il habitait au-dessus du soleil.—Saviez-vous qui avait fait le bœuf, le cheval, etc.?—Non ; mais j'étais bien curieux de voir naître : souvent j'allais me cacher dans les fossés

pour attendre que le ciel descendît sur la terre pour la croissance des êtres ; je voulais bien le voir.—Quelle fut votre pensée lorsque M. Sicard vous fit tracer, pour la première fois, des mots avec des lettres ?—Je pensais que les mots étaient les images des objets que je voyais autour de moi ; je les apprenais, de mémoire, avec une vive ardeur : quand j'avais lu le mot Dieu, et que je l'avais écrit avec la craie sur la planche, je le regardais très-souvent, car je croyais que Dieu causait la mort, et je la craignais beaucoup.— Quelle idée en aviez-vous donc ?—Je pensais qu'elle était la cessation du mouvement, de la sensation, de la *manducation*, de la tendreté de la peau, et de la chair.—Pourquoi aviez-vous cette idée ?—J'avais vu un mort.—Pensiez-vous que vous deviez toujours vivre ?—Je croyais qu'il y avait une terre céleste, et que le corps était éternel.

Nous ne croyons pas nécessaire de donner ici plus d'étendue à cet entretien avec cet élève de M. Sicard ; il suffit de ce que nous en avons dit, et de connaître l'idée qu'il a aujourd'hui du Dieu véritable, sa reconnaissance pour celui auquel il doit un si grand bienfait, pour rendre soi-même hommage à l'éducation qui a levé le voile épais qui lui dérobait tant de vérités consolantes. C'est sans doute une des conquêtes les plus précieuses de cette méthode, puisqu'il y avait à combattre des erreurs d'autant plus chères qu'elles étaient une première inspiration de ce sentiment inné, dont nous venons de parler. Il fallait donc, pour obtenir ce triomphe, ne pas alarmer le sentiment qui paraissait justifier ces erreurs, et opposer avec sagesse la logique de la vérité aux illusions séduisantes d'une imagination désordonnée. Ce succès si touchant était réservé à un instituteur éclairé et convaincu lui-même.

Comme plusieurs réponses de ce Sourd-Muet, si justement célèbre par ses découvertes dans la langue de la pensée, ont fait fortune dans le monde, nous en placerons ici plusieurs qui peuvent faire mieux connaître ses principes religieux, et la justesse de son esprit, en ajoutant que nous avons souvent observé que si la question qu'on lui fait n'offre pas un intérêt piquant, on n'obtient qu'une réponse plus commune encore que le serait celle d'un homme sans aucune culture ; et que si on veut le retrouver tel que sa renommée le présente, il faut l'interroger sur des objets d'une certaine profondeur.

On lui demanda, un jour, en séance publique, quelle différence il mettait entre Dieu et la nature. Sa réponse fut celle-ci :

« Dieu est le premier faiseur, le créateur de toutes choses. Les
« premiers êtres sont tous sortis de son sein divin. Il a dit aux
« premiers : *Vous ferez les seconds* ; ses volontés sont des lois ;
« ses lois sont la nature. »

Une femme de notre connaissance lui dit, un jour, qu'elle comparait la Providence à une bonne mère.

« La mère, dit-il, se tient seulement auprès de ses enfants, tan-
« dis que la Providence se tient auprès de tous les êtres. »

Voici les réponses qu'il fit aux trois questions suivantes : *Qu'est-ce que la vertu, Dieu et l'éternité ?*

« La vertu, dit-il, est l'invisible qui tient les rênes du visible.

« Dieu est l'être nécessaire, le soleil de l'éternité, l'horloger de
« la nature, le machiniste de l'univers, et l'ame du monde.

« L'éternité est un jour sans hier ni demain. »

On voulait connaître ce qu'il entendait par un sens.

« Un sens, dit-il, est un *porte-idée*. »

Quelques personnes ayant voulu l'embarrasser, lui demandèrent qu'est-ce que l'ouïe ? « C'est la vue *auriculaire*. »

Il y a très-peu de jours, que nous lui demandâmes s'il faisait une distinction entre un conquérant et un héros ? Et voici ce que, sans hésiter, il écrivit sur la planche :

« Les armes, les soldats font le conquérant ; le courage du cœur
« fait le héros. Jules-César était le héros des Romains ; Napoléon
« est le héros de l'Europe. »

A l'exercice public du lundi 25 avril 1808, on lui demanda ce que c'est que l'espérance ; et il répondit sur-le-champ : C'EST LA FLEUR DU BONHEUR.

Nous allons terminer par une réponse qui, quoique très-connue, nous semble néanmoins réclamer une place dans cette notice.

Qu'est-ce que la reconnaissance? lui demanda un jour son maître. L'élève répondit aussitôt, comme par un trait d'inspiration :

« La reconnaissance est la mémoire du cœur. »

Grande pensée qui ne peut venir elle-même que du cœur !

Par Mme V. Celliez

Note de la page 3.

(*) Un Sourd-Muet de naissance, né Allemand, et instruit, d'après la méthode de l'abbé de l'Épée, dans l'institution fondée, à Vienne, par Joseph II, étant entré ensuite à Prague, quitta cette dernière ville, après avoir appris l'art de la gravure, pour se rendre à Paris, où il arriva, au mois de décembre dernier. Ici, dans un isolement absolu, connaissant peu sa langue nationale, et pas du tout la langue française, il lui fallait un individu avec lequel il pût communiquer. Il ne pouvait le trouver que parmi ses frères d'infortune; il se présente à l'institution de Paris, et s'adresse à M. CLERC, élève de M. SICARD, Sourd-Muet de naissance, répétiteur, comme MASSIEU, à une des classes de cette école, jeune homme qui réunit à beaucoup d'esprit naturel, des talents et de la grâce dans le style. La connaissance est bientôt faite ; la langue de la pensée met aussitôt en rapport les deux Sourds-Muets. Le voyageur avait trouvé, sans doute, là, un ami qui pouvait le comprendre et le plaindre ; mais sa langue naturelle ne lui suffisant pas pour obtenir des autres hommes des secours, il lui fallait un interprète qui pût traduire ses pensées dans l'idiome de la société. Le jeune Clerc, qui connait et écrit bien la langue française, offrit à son malheureux camarade de lui servir de *trucheman* auprès de l'Ambassadeur de la cour de Vienne, auquel le premier désirait se présenter. Cet arrangement pris entr'eux, l'élève de M. SICARD informa son maître de la démarche qu'il allait faire, par le billet que nous transcrivons ici d'après l'original :

« Ce jeune Sourd-Muet autrichien, dépourvu d'argent et de tout secours,
« accablé des dettes occasionnées par le défaut de travail, menacé par ses créan-
« anciers, va avoir recours à la bonté et à la générosité de S. E. Mgr. l'am-
« bassadeur d'Autriche. Il me prie de l'accompagner, non-seulement pour lui
« servir de guide, mais encore pour l'aider à s'exprimer. Je m'estime d'autant
« plus heureux de pouvoir le satisfaire, que c'est aujourd'hui mon jour de
« liberté. »

L'ambassadeur s'étant trouvé absent, cette démarche fut infructueuse. Cependant la déplorable situation du Sourd-Muet exigeait de prompts secours et un asile. Le jeune CLERC, plein d'humanité et de zèle, porte, sans délai, ses pas ailleurs ; il s'adresse à plusieurs graveurs ; c'est par écrit qu'il fait connaître le but touchant qui l'amène, ainsi que l'infortune et les talents de son camarade : il réussit enfin à le placer chez un graveur, où, moyennant son travail journalier, celui-ci pourvoit aujourd'hui à tous ses besoins.

LONS-LE-SAUNIER, IMPRIMERIE DE COURBET.

www.ingramcontent.com/pod-product-compliance
Lightning Source LLC
Chambersburg PA
CBHW061959070426
42450CB00009BB/2263